AVANT PROPOS

Cet ouvrage ne constitue en aucun cas une méthode de trading infaillible ou limitant le risque sur le marché du Forex.

Le métier de trader en lui-même est un métier risqué, et la gestion du risque constitue un pilier important dans la réussite de vos transactions.

Ce livre vous apprendra à avoir une bonne connaissance du marché du Forex, à manipuler les outils les plus importants et à apprendre à analyser les figures chartistes, car tous les graphiques ont une figure graphique que l'on peut déterminer à l'avance.

Je dirais que cet ouvrage vous aidera à développer votre sens de l'analyse, et vous pourrez ainsi choisir avec certitude le bon moment pour vous mettre en position d'achat ou de vente.

Pour finir, sachez que cette méthode vous offrira surement un taux de succès de 80% si elle est bien appliquée, et si le risque et les stops loss sont respectés.

TABLE DES MATIERES

INTRODUCTION 3

Partie 1 : Présentation du monde du Forex, la plateforme de trading Meta Trader 4 et Présentation de la technique Ichimoku ainsi que des signaux forts d'achat et de vente....... 4

1. Présentation du monde du Forex et de la plateforme de trading Meta Trader 4 .. 5
   a) Présentation du monde du Forex et de la plateforme de trading Meta Trader 4 5
   b) La plateforme de trading Meta Trader 4 6
2. Présentation des outils d'analyse et des signaux forts d'achat ou de vente 6
   a) Généralité à propos de l'Ichimoku Kinko Hyo 6
   b) Ichimoku sur un graphique 8
   c) Les signaux baissiers Ichimoku 12
   d) Les signaux haussiers Ichimoku... 14

PARTIE 2 : Présentation du RSI, des moyennes mobiles, des figures chartistes les plus courantes ainsi que leurs analyses et les décisions d'achat et de vente suivant le cumul des indicateurs liés à la méthode. 16

1. Présentation du RSI et de la méthode des moyennes mobiles ainsi que des figures chartistes les plus courantes 17
   a) Le RSI (voir le graphique n°7) 17
   b) Les moyennes mobiles : 18
   c) Les figures chartistes les plus connues : 20
2. Les décisions d'achat et de vente suivant le cumul des indicateurs lié à la méthode (stratégie global) 26
   a) Utilisation d'Ichimoku, du RSI et des figures chartistes : 26
   b) Utilisation des moyennes mobiles et du RSI 30

Conclusion.. 31

INTRODUCTION :

Ce guide pour nouveau trader est une formation complète, qui vous permettra de devenir indépendant financièrement et de réussir la plupart de vos transactions au niveau du Forex.

Pour comprendre la stratégie que nous allons adopter dans cet ouvrage, nous aborderons 2 chapitres fondamentaux :

1. Présentation du monde du Forex, de la plateforme de trading Meta Trader 4 et Présentation de la technique Ichimoku ainsi que les signaux forts d'achat et de vente.
2. Présentation du RSI, des figures chartistes les plus courantes ainsi que leur analyse et les décisions d'achat et de vente suivant le cumul des indicateurs liés à la méthode.

Nous terminerons par une conclusion.

Partie 1

Présentation du monde du Forex, la plateforme de trading Meta Trader 4 et Présentation de la technique Ichimoku ainsi que des signaux forts d'achat et de vente.

1. Présentation du monde du Forex et de la plateforme de trading Meta Trader 4 :
a) Définition et présentation du marché du Forex :

Le Forex est un marché où se confronte l'offre et la demande d'une paire de devise.

Quand une devise s'apprécie par rapport à une autre (soit parce que sa demande a augmenté ou grâce à la conjoncture économique) cela constitue une variation au niveau des paires de devise (Exemple : paire euro/usd ou usd/ dollard canadien etc…)

C'est justement le but du trading, prévoir comment va évoluer une devise par rapport à une autre. En prenant compte des indicateurs techniques, graphiques et la conjoncture économique.

Nous dirons que même si les indicateurs techniques donnent raison à une décision d'achat ou de vente mais que la conjoncture économique et les indicateurs macro-économiques donnent une information contradictoire, il ne faut en aucun cas prendre la décision de trader car l'information aura une puissance bien plus importante que les outils utilisés.

Important : Pour trader sur le marché du Forex, il faudra choisir un Broker et une plateforme de trading.

Le broker, sera justement l'intermédiaire entre vous et le marché. C'est grâce à lui que vous pourrez faire vos transactions, acheter ou vendre une paire de devise, moyennant une commission pour le broker, variable selon celui que vous aurez choisi.

Nous ne pouvons pas faire de recommandation concernant le choix de votre broker, mais certains sont spécialisés dans le Forex.

Je vous suggère néanmoins de voir le site de l'AMF. Il y a une publication des brokers qui sont sur liste noir et donc qui ne sont pas habilités à trader sur le Forex. Cela vous évitera de tomber dans une arnaque.

Par contre pour les plateformes de trading, je pourrais vous recommander Meta Trader 4 et je vous recommande un compte de trading avec un effet de levier bas (pour moins de risque).

b) La plateforme de trading Meta Trader 4 :

Cette plateforme est la plus connue et la plus utilisée dans le monde du Forex. Elle est facile et pratique, elle dispose de tous les outils dont nous parlerons et c'est une plateforme gratuite. Vous pouvez aussi y avoir un compte démo sans problème, pour vous entrainer à faire des transactions.

Au cours de cette formation nous n'allons pas apprendre à utiliser la plateforme Meta Trader 4 car les guides sont disponibles sur internet et c'est une chose facile.

Mais nous allons voir bien sur comment utiliser les outils d'analyses, comment les configurer, et comment analyser les figures chartistes, pour faire le point et prendre une position d'achat ou de vente.

2. Présentation des outils d'analyse et des signaux forts d'achat ou de vente :
a) Généralité à propos de l'Ichimoku Kinko Hyo :

Cette méthode développée au 20ème siècle par le journaliste Goichi Hosoda, qui signifie en japonais d'un coup d'œil, est un système de trading complet, qui se base sur 5 indicateurs clés que nous allons détailler :

La Kinjun-Sen : C'est une courbe qui retrace, la moyenne entre la valeur la plus haute et la plus basse des 26 dernières périodes (et cela dépendra de la temporalité utilisée en trading, ça sera donc soit sur les 26 dernières 15 min ou 26 dernières heures etc…). C'est la courbe bleue sur le graphique n°1.

La Tenkan-Sen : C'est une courbe qui retrace comme la Kinjun-Sen, la moyenne entre la valeur la plus haute et la plus basse, mais cette fois sur les 9 dernières périodes (suivant bien sur la temporalité choisie).

C'est la courbe rouge sur le graphique n° 1.

La Senkoun Span A : C'est la moyenne de la Tenkan et de la Kinjun projetée sur une prédiction de 26 périodes en avant.

La Senkoun Span B : C'est la valeur de la moyenne du plus haut et du plus bas de 52 périodes dont 26 périodes décalées en avant (prédiction).

Remarque : La zone entre la Senkoun Span A et la Senkoun Span B est appelée nuage Ichimoku, c'est le lieu d'équilibre entre l'offre et la demande. Il ne faut jamais prendre une position d'achat ou de vente quand on est à l'intérieur du nuage Ichimoku.

La Chikou : Elle correspond au prix de clôture projeté sur 26 périodes en arrière, c'est un indicateur important ; C'est à partir de cet indicateur que l'on va délimiter les supports et les résistances.

Les supports : C'est les points bas où l'on prévoit qu'éventuellement le marché va rebondir à la hausse une fois qu'elles sont touchées.

Les résistances : C'est les points hauts où l'on prévoit que le marché est susceptible de redescendre une fois qu'il sera touché.

b) Ichimoku sur un graphique :

- Comment configurer l'Ichimoku?

Sur Meta Trader 4 il faut cliquer sur insertion, indicateur et puis indicateur de tendance. Configurez le graphique comme ceci :

chimoku Kinko Hyo

Parametres | Couleur | Visualisation

Tenkan-sen : 9
Kijun-sen : 26
Senkou Spar B : 52

OK | Annuler | Remise a zéro

Le graphique apparaitra donc comme ceci (Graphique n°1) :

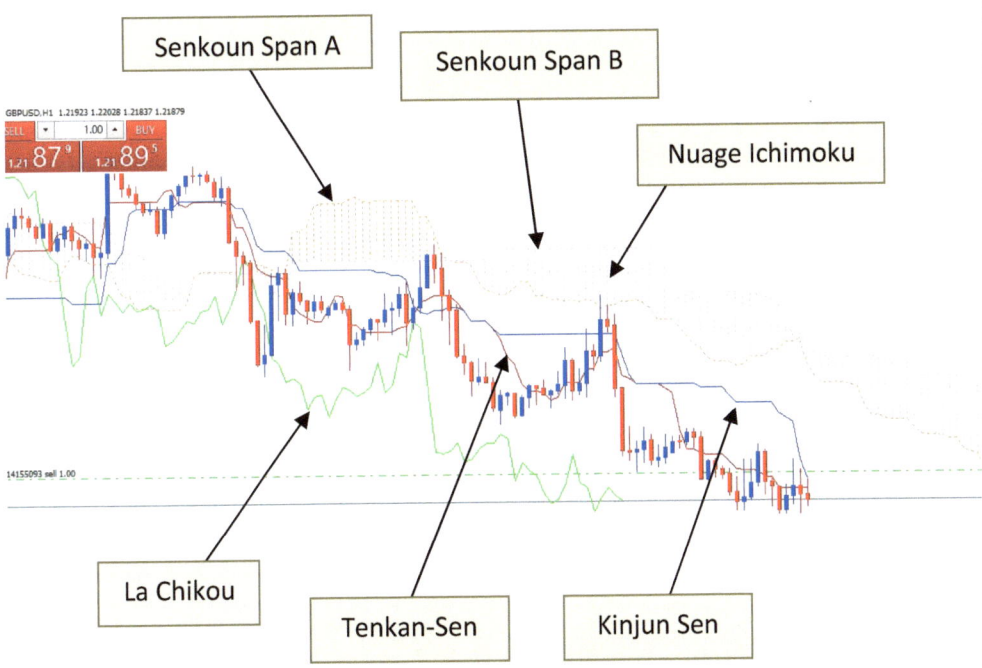

- Comment délimiter les supports et résistances à partir de la Chikou ? (Voir les graphiques n°2 et 3)

Pour réussir ses trades, il faut savoir laisser courir ses gains et stopper ses pertes rapidement.

Les supports et les résistances nous diront justement quand nous devons prendre nos gains et quand nous devons stopper nos pertes dans le cas où l'on a tort.

Car un résultat de 100 % de trades gagnants n'est pas possible. Mais si nous savons gérer le risque et si nous savons suivre à la lettre la démarche, nos gains seront plus importants et nos pertes réduites.

Le graphique qui montre les supports (Graphique n°2):

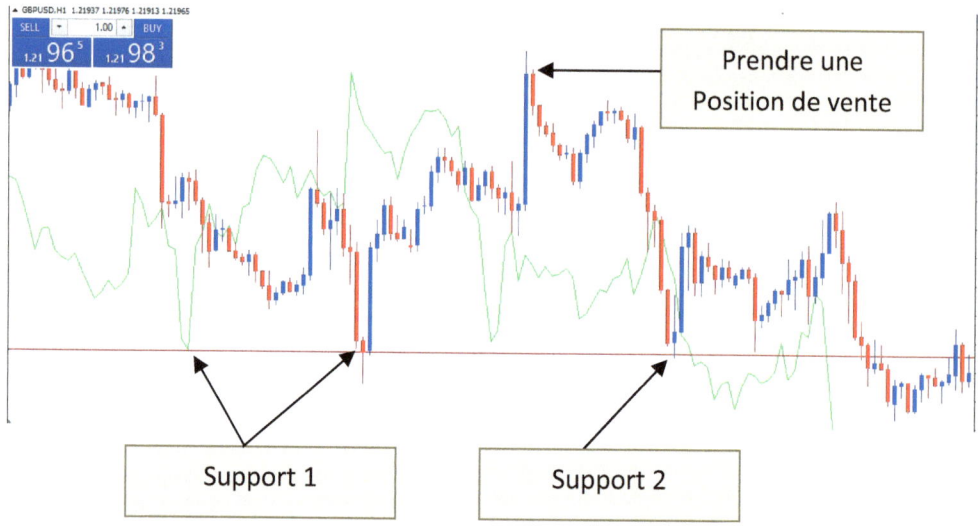

Nous remarquons sur ce graphique que la ligne de support que nous avons tracée grâce au creux de la Chikou∨, a été touchée par le marché une deuxième fois (support 2) là c'était le bon moment pour fermer sa position si l'on avait crée son ordre de vente plus haut. Car sur ce support le marché a rebondi à la hausse, de la même manière ça serait le bon moment pour acheter et revendre plus haut.

Remarque : On ne se base pas uniquement sur les supports et résistances pour faire du trading, on doit combiner cela avec d'autre indicateurs que nous verrons par la suite.

Le graphique qui montre les résistances (Graphique n°2):

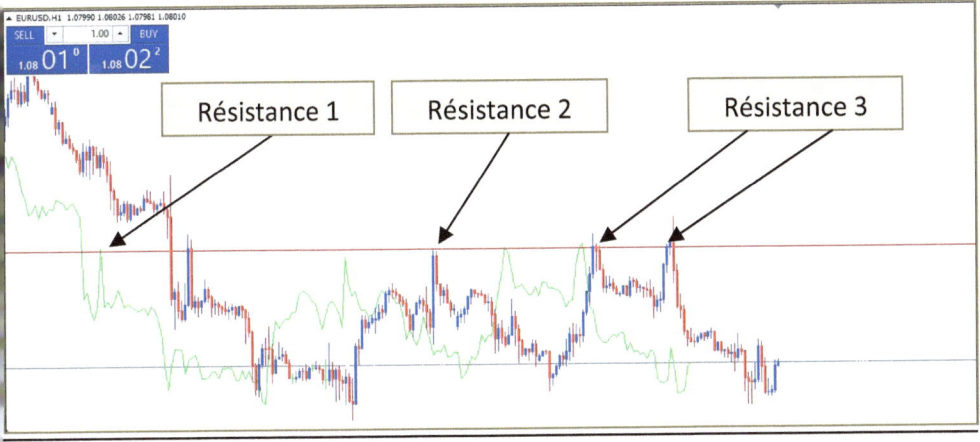

Nous voyons ainsi que le sommet pointu ⟋⟍ de la Chikou nous a permis de tracer une résistance, c'est-à-dire un point haut qu'il est difficile pour le marché de percer. Ainsi cette résistance a été touchée 3 fois par le marché et on pouvait se positionner en haut de la résistance en vente et fermer la position au plus bas, sur les supports que l'on aura choisis.

Remarque : De façon générale, on crée un ordre de vente sur les résistances quand on prévoit une diminution, et on clôture la position sur les supports définis.

Et de la même manière on achète au niveau des supports, quand on prévoit une augmentation et en clôture notre position sur les résistances.

c) Les signaux baissiers Ichimoku:

<u>Le signal baissier fort</u> : (Graphique n°3)

La courbe Chikou est en dessous du nuage Ichimokou et du prix. Le prix vient croiser la Senkoun Span B à la baisse et nous avons un croisement à la baisse entre la Tenkan et la Kinjun.

L'ensemble de ces trois éléments donnent un signal baissier fort.

<u>Le graphique qui montre les signaux baissiers fort Ichimoku (Graphique n°3)</u> :

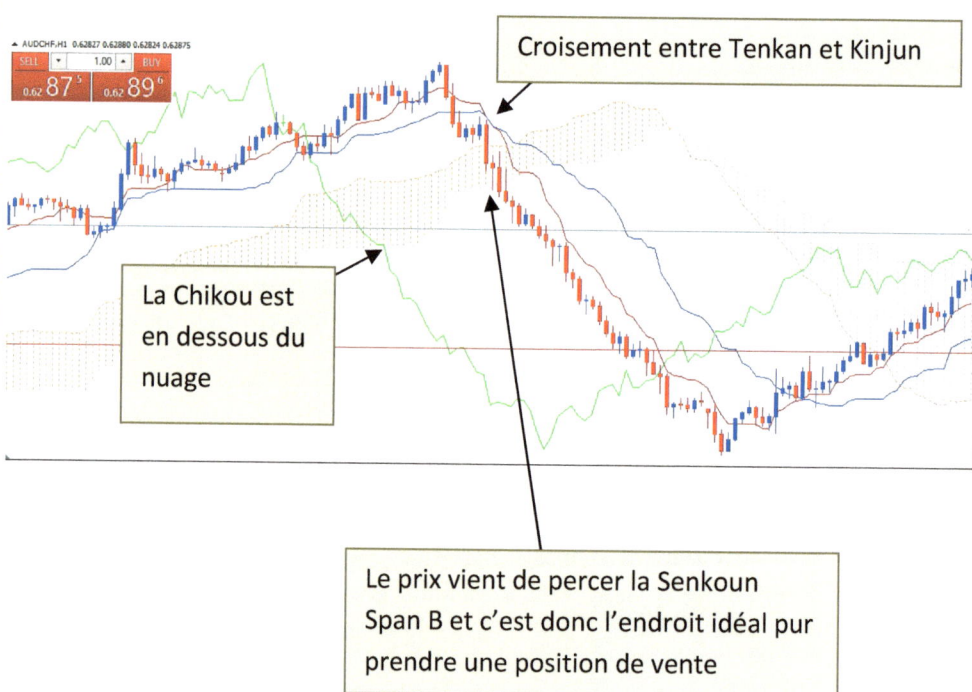

Le graphique montre donc où se positionner pour faire un ordre de vente. Il faut clôturer sa position sur le support qui sera défini en regardant la courbe Chikou sur la période antérieure.

Le signal baissier moyen : (Graphique n°4)

Le prix est au-dessus du nuage Ichimoku mais nous avons un croisement à la baisse entre Kinjun et Tenkan, le prix croise la Kinjun à la baisse et la Chikou croise à la baisse la Tenkan et la Kinjun.

L'ensemble de ces indicateurs donnera un signal moyen, c'est à dire assez probable de baisse du marché.

Le graphique qui montre les signaux baissiers moyens Ichimoku (Graphique n°4)

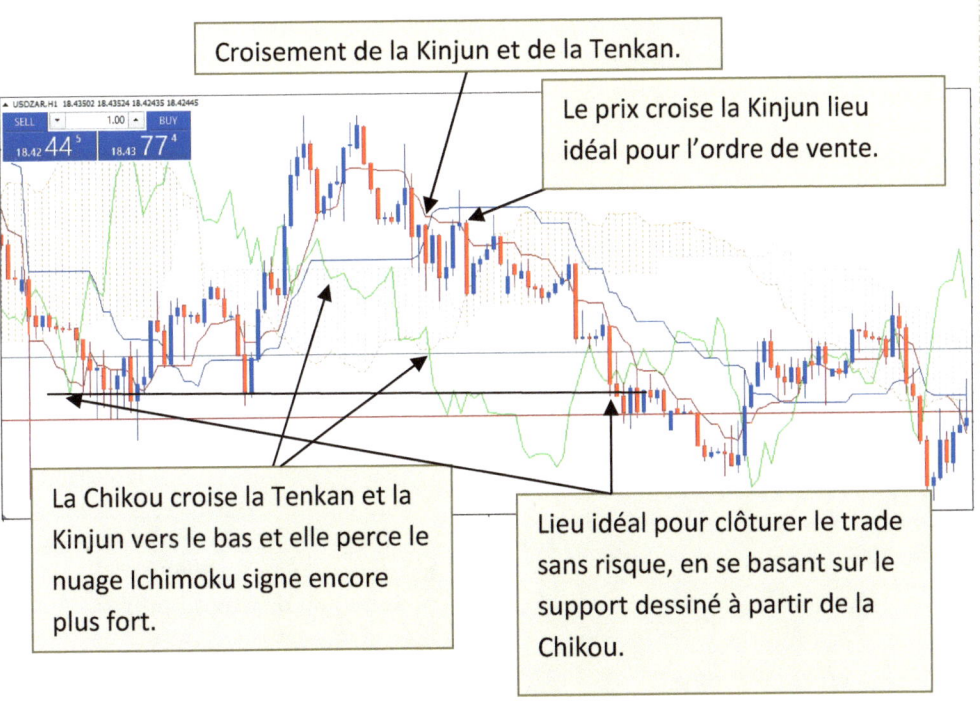

On voit ainsi sur le graphique, le moment où nous devons entrer en position de vente et le moment ou nous devons sortir (au niveau du support). Mais ceci uniquement on se basant sur l'Ichimoku.

Nous détaillerons par la suite d'autres outils et la stratégie finale reposera sur un cumul de tous les outils.

d) **Les signaux haussiers Ichimoku**:

Le signal haussier fort :

Le prix se trouve au-dessus du nuage Ichimoku, la Chikou se situe aussi au-dessus du nuage et du prix, nous avons un croisement à la hausse entre Tenkan et Kinjun et le prix croise à la hausse la Senkou Span B (SSB). (Voir graphique n° 5)

Le graphique qui montre les signaux haussiers forts Ichimoku (Graphique n°5)

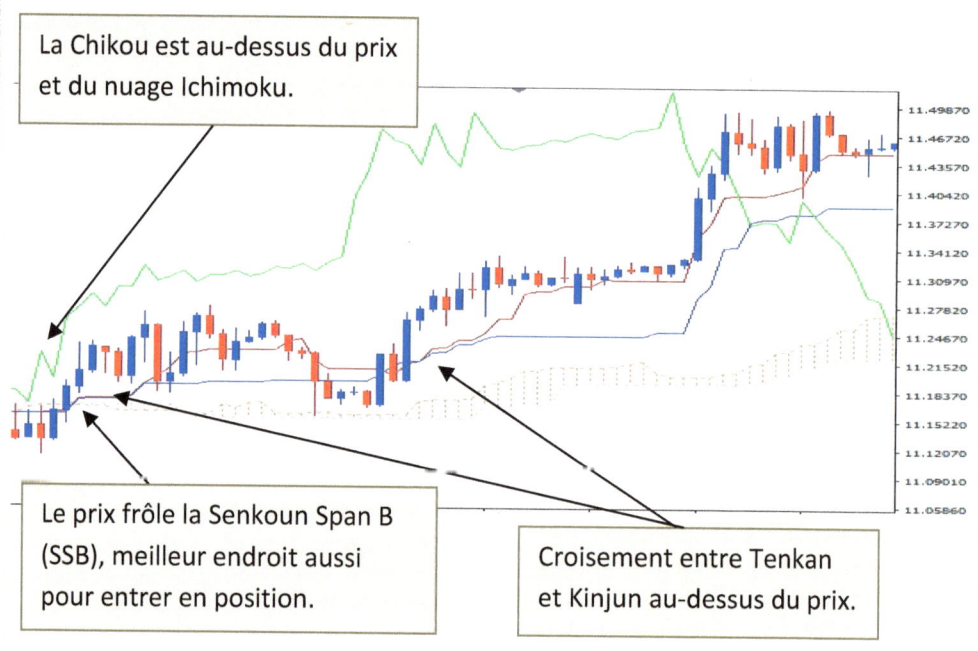

Nous remarquons ainsi sur ce graphique que le meilleur endroit pour investir était le croisement du prix avec la Senkoun Span B car on avait tout les signaux pour entrer en position, une Chikou au-dessus du prix et du nuage Ichimoku et un croisement entre Tenkan et Kinjun , aussi au-dessus du prix.

Le signal haussier moyen :

Le signal haussier moyen est un ensemble d'indicateurs qui donne aussi un signal d'achat, mais avec une précision moyenne. C'est-à-dire qu'il y a un risque faible, de ne pas avoir raison.

Le prix se trouve en-dessous du nuages Ichimokou, mais nous avons un croisement entre Tenken et Kinjun à la hausse. Le prix croise la Kinjun et la Chikou peut percer la Tenken et la Kinjun dans certains cas. (Voir graphique n°6)

Le graphique qui montre les signaux haussiers moyens Ichimoku (Graphique n° 6)

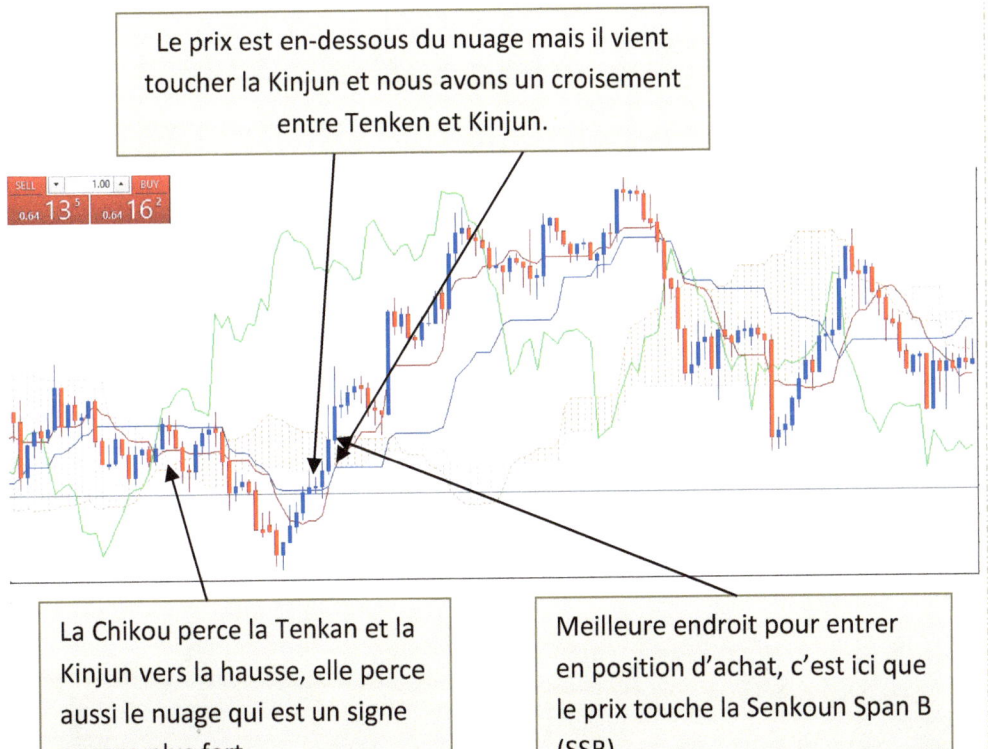

<u>PARTIE 2</u>

Présentation du RSI, des moyennes mobiles, des figures chartistes les plus courantes ainsi que leurs analyses et les décisions d'achat et de vente suivant le cumul des indicateurs liés à la méthode.

1) **Présentation du RSI et de la méthode des moyennes mobiles ainsi que des figures chartistes les plus courantes :**

   a) **Le RSI (voir le graphique n°7)**

   Le RSI ou Relative Strenght Index est un indicateur qui interprète la puissance de la tendance. Quand la courbe du RSI vient du bas et qu'elle perce le seuil des 50%, nous sommes clairement dans une tendance haussière. Lorsque la courbe atteint les 70% cela veut dire que la tendance risque de changer (il faut donc faire attention)

   Puis lorsque la courbe du RSI vient du haut et vient percer le seuil des 50%, nous sommes clairement dans une tendance baissière, et lorsque la courbe atteint les 30%, la tendance baissière risque de changer (il faut donc faire attention).

   Nous pouvons combiner le RSI et l'ichimoku dans le cadre d'une stratégie.

   Ou bien combiner le RSI et les moyennes mobiles dans le cadre d'une deuxième stratégie.

   Nous verrons par la suite le cumul des indicateurs dans le cadre d'un cas pratique, expliquant la stratégie globale.

Le graphique qui montre les signaux haussiers moyens Ichimoku (Graphique 7) :

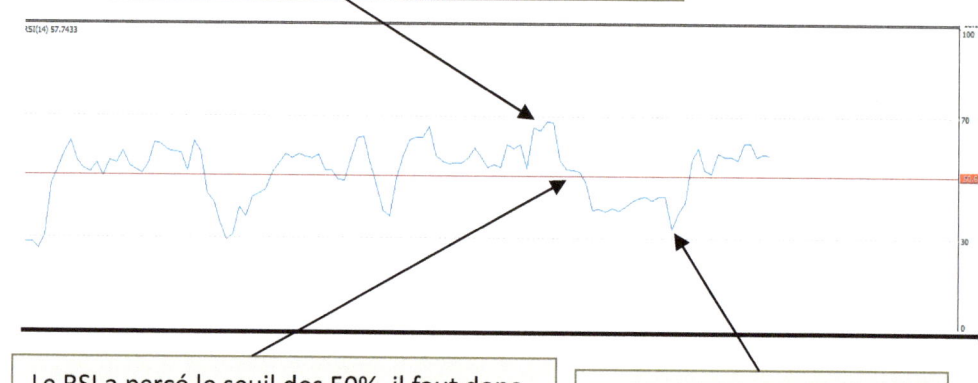

Nous voyons que la courbe du RSI a presque atteint les 70% et elle a commencé à redescendre. C'était le meilleur moment pour se positionner en vente.

Le RSI a percé le seuil des 50%, il faut donc clôturer sans risque sa position de vente car à partir du seuil de 30% la courbe peut rebondir, c'est-à-dire que la tendance changera.

Le RSI atteint le seuil des 30 %, la tendance était susceptible de changer et cela a été le cas.

b) **Les moyennes mobiles :**

Trader avec des moyennes mobiles est aussi très connu. C'est une courbe retraçant le prix de clôture moyen sur différentes périodes.

Nous allons travailler avec 3 moyennes mobiles :

- Une moyenne mobile sur 5 Périodes en noir (servira uniquement à voir s'il y a de la volatilité, car cette courbe sera très proche du prix).
- Une moyenne mobile sur 50 périodes en rouge.
- Une moyenne mobile sur 200 périodes en violet.

Sur Meta Trader 4 il faut cliquer sur insertion, indicateur, trend , moving average et il faut choisir la période.

Quand trader à la baisse avec les moyennes mobiles ? :

Nous allons ouvrir une position à la vente (donc à la baisse), quand le prix viendra toucher la moyenne mobile 50 et que les deux moyennes mobiles 50 et 200 seront au-dessus du prix (voir graphique n°8 ci-dessous).

Le prix est en dessous de la moyenne mobile 50 périodes et il vient toucher la moyenne mobile 200 périodes. C'est le bon moment pour se positionner en vente. Il faut clôturer sur le support.

Support

Il faut clôturer sa position au niveau de la ligne de support ou au croisement du prix avec la moyenne 50 pour plus de sécurité.

Quand trader à la hausse avec les moyennes mobiles ?

Nous allons trader à la hausse (donc prendre une décision d'achat), quand le prix viendra toucher la courbe de la moyenne 50 périodes et que les deux courbes moyennes 50 périodes et 200 périodes seront en dessous du prix (voir le graphique 9 ci-dessous):

c) **Les figures chartistes les plus connues :**

Une figure chartiste est une configuration graphique qui se répète sur les marchés financiers et donc dont on peut deviner l'évolution. Elle donne une information presque aussi fiable que les indicateurs techniques. Voici les figures les plus importantes :

- **L'épaule- tête -épaule :**

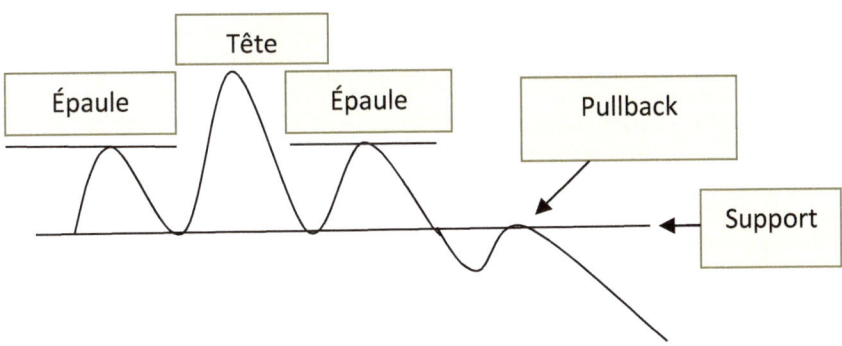

Dans cette figure le prix viendra toucher la résistance au niveau de l'épaule ensuite il viendra toucher le support, remonter et toucher une nouvelle résistance plus haute (la tête) et à la fin il viendra retoucher la résistance pour en sortir vers le bas (Pullback). C'est le moment idéal pour prendre une décision de vente.

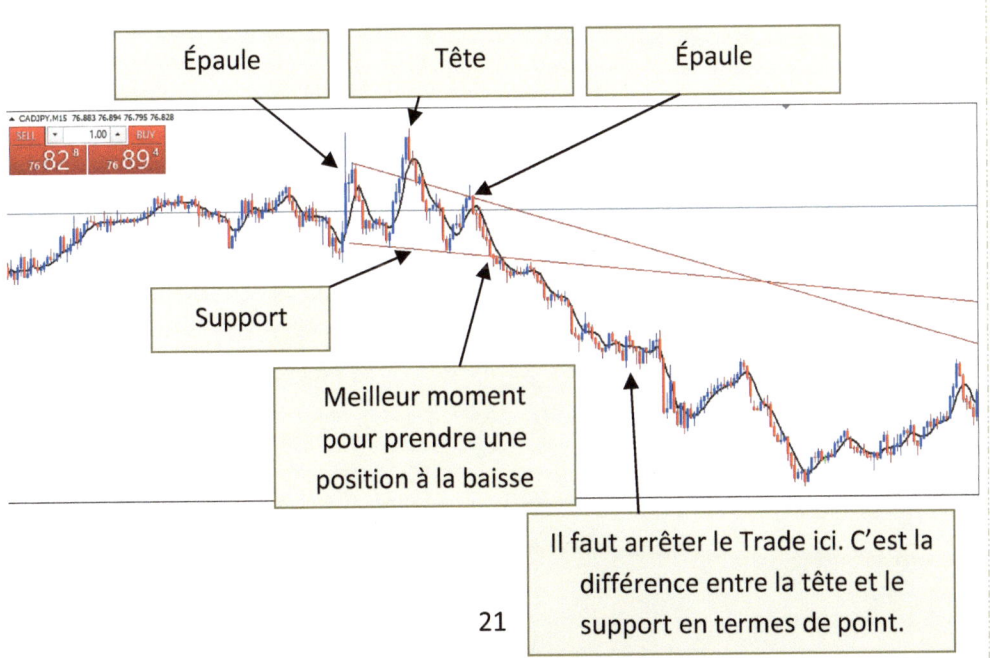

Remarque :

- Pour savoir quand fermer sa position de Trade, c'est simple : c'est la différence entre la tête et le support en Pips (point de différence).

- La figure épaule-tête-épaule existe aussi dans le sens inverse, et nous allons prendre dans ce cas une décision d'achat au niveau de la cassure de l'épaule avec la résistance.

Le double Top et double Botton :

Dans cette configuration graphique, le signal baissier sera donné quand le prix viendra toucher deux mêmes points de résistance et viendra percer le support vers le bas et deviendra une nouvelle résistance, comme ceci :

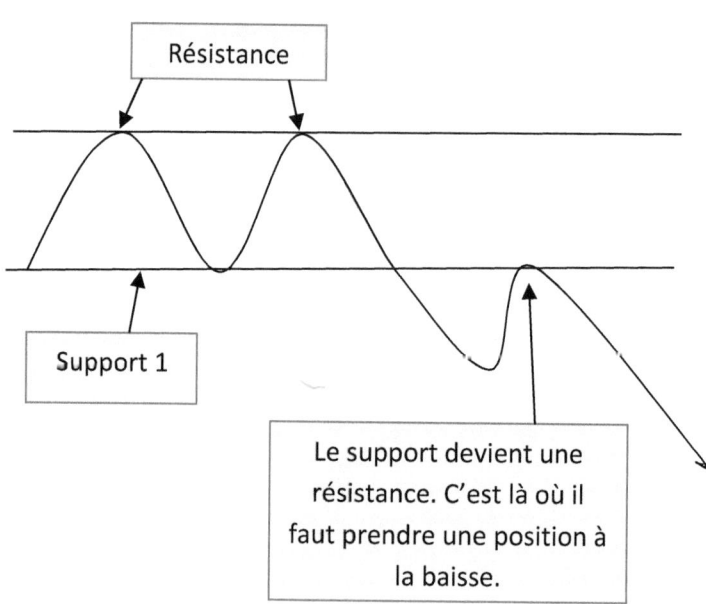

Le signal haussier sera donné quand le prix viendra toucher deux mêmes points de support et viendra percer la résistance vers le haut et deviendra un nouveau support, comme ceci :

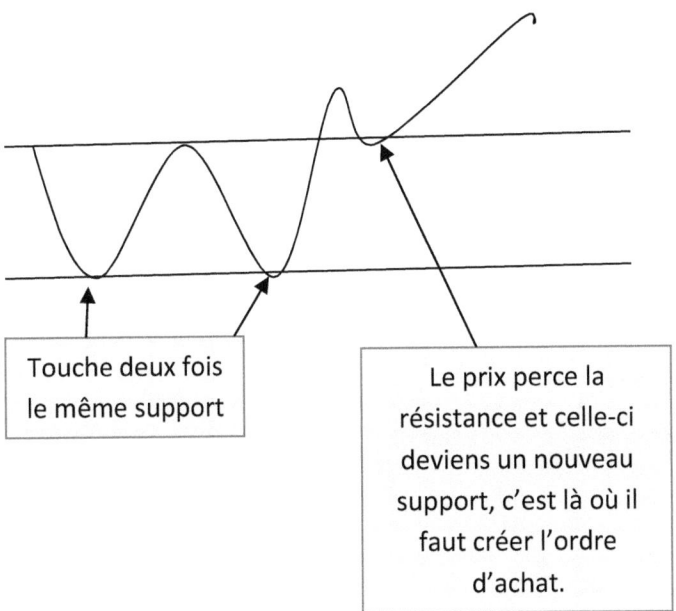

Voilà un exemple graphique d'un double Botton.

Le biseau ascendant et descendant :

Le biseau ascendant, est une configuration graphique où le prix viendra toucher au minimum deux fois une même résistance et touchera 3 points bas (support), plus haut que les précédents.

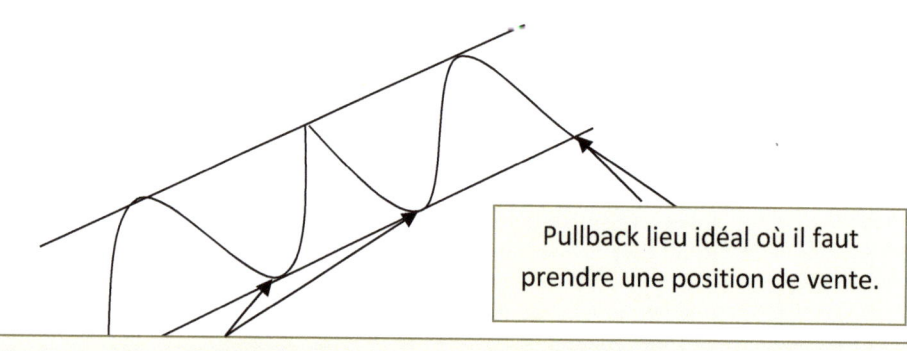

Le biseau descendant, quant à lui est une configuration graphique où le prix viendra toucher au minimum deux fois un même support et touchera 3 points hauts (résistances), plus bas que les précédents. Il faut prendre une décision d'achat au moment où le prix aura franchi la ligne de résistance.

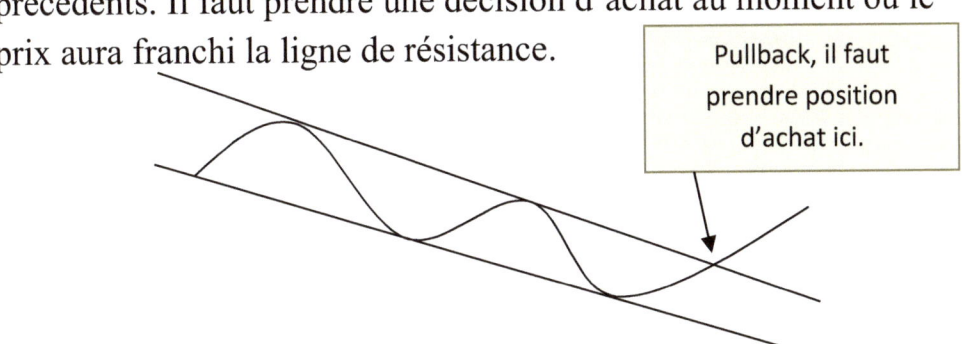

Pullback, il faut prendre position d'achat ici.

Graphiquement voilà comment se traduira un biseau ascendant :

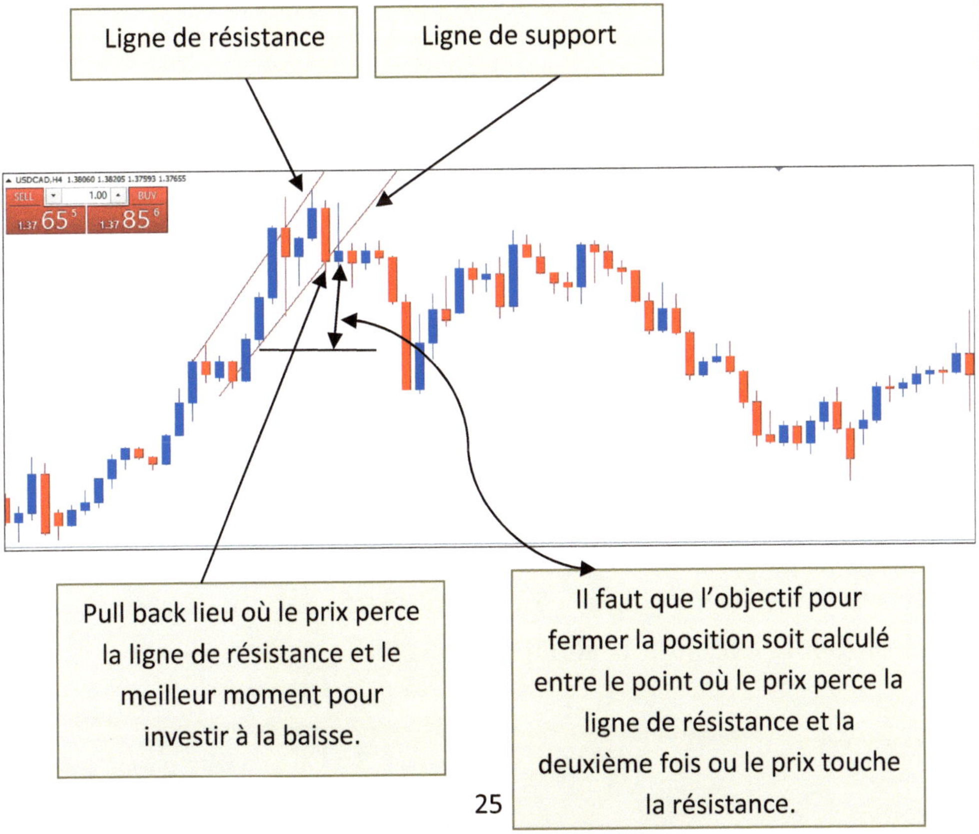

Ligne de résistance Ligne de support

Pull back lieu où le prix perce la ligne de résistance et le meilleur moment pour investir à la baisse.

Il faut que l'objectif pour fermer la position soit calculé entre le point où le prix perce la ligne de résistance et la deuxième fois ou le prix touche la résistance.

2) **Les décisions d'achat et de vente suivant le cumul des indicateurs lié à la méthode (stratégie global):**

a) **Utilisation d'Ichimoku, du RSI et des figures chartistes :**

La Stratégie consiste à prendre position quand tous les indicateurs nous donneront le signal. Si nous tradons sur une temporalité de 30 min. Il faut analyser l'indicateur Ichimoku sur une temporalité d'une semaine voir si nous sommes sur une tendance haussière ou baissière puis il faut valider les signaux d'achat ou de vente sur la temporalité de 1 jour, 4 heures, 1 heure et ensuite 30 min. Ainsi nous prendrons une position que si toutes les temporalités s'accordent à donner le même signal Ichimoku d'achat ou de vente.

Puis une fois que l'on a le signal, il faut vérifier le RSI, voir si nous sommes en sur-achat ou en sur-vente. Il ne faut en aucun cas que le RSI soit supérieur à 70 % si nous voulons prendre une position d'achat et qu'il ne soit pas inférieur à 30% si nous voulons vendre. La courbe du RSI donnera donc une indication supplémentaire de la situation du prix (voir chapitre relative au RSI).

La troisième est dernière chose c'est l'identification de la figure chartiste. Même si ce n'est pas toujours évident, Si nous arrivons à reconnaitre une figure chartiste, elle donnera encore plus de crédibilité à la décision d'achat et de vente.

Cas pratique (Trade du 28 Mai 2020):

Ichimoku nous donne un signal baissier en temporalité 1 jour. Nous avons le prix qui perce la Senkun Span A, la Tenkan et la Kinjun.

Support défini en Daily

Ichimoku nous donne un signal baissier en temporalité 4 heures aussi (graphique ci-dessous). Nous avons le prix qui perce la Tenkan et la Kinjun ainsi qu'un croisement entre ces deux dernières, cela confirme la tendance baissière.

En temporalité une heure. Nous avons encore des signaux baissiers plus forts. Nous avons un croisement entre tenkan et kinjun, une courbe Chikou qui perce le nuage Ichimoku et un prix qui perce la Senkun Span B

La ligne de support en 1 heure a été tracé en se référant aux anciens prix voir graphique ci- dessous.

Le support tracé sur les deux graphiques ci-dessus, a été fait sur la base des anciens prix du marché. En regardant la courbe Chikou

Sur le graphique en 30 min nous avons une dernière confirmation de la tendance baissière et nous pouvons prendre une position de vente au meilleur endroit. Le lieu de croisement de la Tenkan et Kinjun et là où le prix perce la SSB (Senkoun Span B).

Le RSI est supérieur au seuil des 30 % donc on ne craint pas un retournement de tendance au moment de prendre la position de vente. Le point d'achat se situait ici.

Il faut clôturer la position sur le support que nous avions défini en temporalité 1 heure (en rouge sur le graphique). Nous remarquons aussi que le RSI à ce moment été descendu en dessous de 30 %. C'était donc une confirmation de plus pour clôturer sa position.

Remarque : Quant à la figure chartiste. Il s'agit d'un double Botton. Nous remarquons que le prix touche 2 fois les mêmes résistances et vient s'écrouler par la suite.

b) <u>Utilisation des moyennes mobiles et du RSI :</u>

La méthode consiste comme avec l'Ichimoku à vérifier les graphiques sur différentes temporalités.

Pour prendre une position d'achat sur un graphique en 30 min, il faudrait que les moyennes 200 périodes et 50 périodes soient en dessous du prix, dans la temporalité (1 jour ; 4 heures et 1 heure). Ensuite pour la temporalité de 30 min, il faudrait que la courbe de la moyenne 200 périodes soit en dessous du prix et que ce dernier intercepte à la hausse la moyenne 50 périodes, cela en vérifiant le RSI aussi qui ne doit pas être en sur-achat (au-dessus de 70%)

Pour prendre à l'inverse une position de vente sur un graphique en 30 min. Il faudrait que les moyennes 200 périodes et 50 périodes soient au-dessus du prix, dans la temporalité (1 jour, 4 heures, 1 heure). Ensuite pour la temporalité de 30 min, il faudrait que la moyenne 200 périodes soit au-dessus du prix et que le prix intercepte la moyenne 50 périodes à la baisse et cela en vérifiant encore une fois le RSI, qui ne doit pas être en sur-vente (c'est-à-dire inférieur à 30%).

CONCLUSION :

Pour conclure nous dirons que le plus important en trading, c'est d'avoir un journal de trading pour écrire votre stratégie et la suivre à la lettre.

Car il ne faut pas s'aventurer à prendre une position, si nous n'avons pas tous les indicateurs qui nous donnent le même signal de vente ou d'achat et sur différentes temporalités aussi.

La gestion du risque joue aussi un rôle important. Si vous avez tort dans une décision d'achat ou de vente n'hésitez pas à stopper votre perte rapidement et si au contraire vous avez raison, n'hésitez pas à patienter jusqu'à atteindre l'objectif (les supports ou résistances définis).

Pour finir je dirais que vous pouvez compléter aussi cette formation par de la pratique, à partir d'un compte démo, pour tester aussi différents effets de levier avec un capital de départ bien défini.

www.ingramcontent.com/pod-product-compliance
Lightning Source LLC
Chambersburg PA
CBHW041949240526
45473CB00036B/2791